全国技工院校汽车维修专业（中级技能层级）

汽车发动机拆装与维修实训（第二版）

工作页

刘书琴◎主编

中国劳动社会保障出版社

简介

本工作页是全国技工院校汽车维修专业模块化教材（中级技能层级）《汽车发动机拆装与维修实训（第二版）》的配套用书，按照教材的任务顺序编写，每个任务都包含“实训目标”“实训准备”“技能训练”“考核评价”等环节。本工作页关注学生的学习过程，强调知识、技能的同步提升，适合技工院校汽车维修专业教学使用。

本工作页由刘书琴任主编，韦利任副主编，刘亮、顾海泉、冯凯骏、黄河、李沐琏、陈晓林参与编写。

图书在版编目（CIP）数据

汽车发动机拆装与维修实训（第二版）工作页 / 刘书琴主编 . -- 北京 : 中国劳动社会保障出版社，2024.（全国技工院校汽车维修专业）. -- ISBN 978-7-5167-6544-9

Ⅰ. U464. 06；U472. 43

中国国家版本馆 CIP 数据核字第 20247ZF711 号

中国劳动社会保障出版社出版发行

（北京市惠新东街 1 号　邮政编码：100029）

*

北京昌联印刷有限公司印刷装订　　新华书店经销

787 毫米 × 1092 毫米　16 开本　4.5 印张　90 千字

2024 年 6 月第 1 版　　2025 年 8 月第 2 次印刷

定价：9.00 元

营销中心电话：400-606-6496

出版社网址：http://www.class.com.cn

http://jg.class.com.cn

目 录

模块一　发动机总体结构认识和拆卸

任务1　发动机总体结构认识

一、实训目标

1. 能说出发动机的组成及各零部件的名称。
2. 能说出汽油发动机的两大机构和五大系统的组成。

二、实训准备

1. 设备检查

发动机型号：________________

外观情况：__________________

2. 实训器材准备

清点以下仪器、设备、工量具、辅助材料是否齐全。

（1）仪器、设备和工量具

序号	仪器、设备和工量具	检查结果
1	实训整车	
2	举升机	
3	工具车	
4	零件车	
5	工作台	
6	支撑垫块	
7	发动机拆装专用工具	
8	发动机拆装台架	

（2）辅助材料

序号	辅助材料名称	检查结果
1	维修手册	
2	抹布	
3	签字笔	

3．防护措施

（1）作业人员应穿戴个人防护用品，包括工作服、工作帽、护目镜等，操作时不可佩戴手表等金属饰品，留长发者应将长发束在工作帽中。

（2）确保使用正确的设备和工具进行维修作业，操作过程中应严格遵守操作规程和相关安全标准。

（3）实训车辆必须做好防护措施，铺好转向盘套、座套、脚垫，打开发动机舱盖，铺好翼子板布。

（4）举升车辆时应严格按照举升机使用方法进行操作，并通知其他人员远离举升设备。

（5）遵循“8S”管理规定。

三、技能训练

发动机总体结构认识

班级：　　　　　　　　　　姓名：　　　　　　　　　　工位：

序号	结构组成	情况记录
1	发动机技术参数	1．排量：________ 2．最大功率：________ 3．压缩比：________ 4．气缸数：________
2	曲柄连杆机构	1．作用：________ 2．组成：________
3	配气机构	1．作用：________ 2．组成：________
4	燃油供给系统	1．作用：________ 2．组成：________
5	润滑系统	1．作用：________ 2．组成：________
6	冷却系统	1．作用：________ 2．组成：________

续表

序号	结构组成	情况记录
7	点火系统	1. 作用:________ ________ 2. 组成:________ ________
8	起动系统	1. 作用:________ ________ 2. 组成:________ ________
任务总结		
（请对本任务完成情况、操作注意事项等进行总结）		

四、考核评价

考核评价表

班级:　　　　　　　　　　　　姓名:　　　　　　　　　　工位:

项目	作业内容	评价要点	配分	评价
准备工作	场地准备	工位应干净、整洁，地面无油污	3	
		实训整车、工作台、工具车、零件车等放置于合适位置	2	
	设备检查	检查举升机是否工作正常	5	
		检查实训车辆是否停放平稳	3	
		发动机拆装台架是否稳固，检查锁紧机构是否有效	5	
	人员防护	工作服、工作鞋等穿戴整齐	3	
		操作时应佩戴棉纱手套	2	
任务实施	发动机结构认知	能正确指出发电机、起动机的位置	10	
		能正确指出进、排气歧管的位置	10	
		能正确指出点火线圈、火花塞的位置	10	
		能正确指出润滑油加注口、油尺、机油滤清器的位置	10	
		能正确指出节气门的位置	10	
		能正确指出传动带、张紧轮的位置	10	

续表

项目	作业内容	评价要点	配分	评价
职业素养	安全及合作	注意操作安全，不随意放置工具、量具，不应有其他安全隐患	5	
		小组作业时应互相配合、合理分工，不可发生争执	2	
	“8S”管理	能查阅维修手册并严格执行技术规范，有良好的责任心和职业道德	5	
		能按正确步骤操作，不得损坏设备、工量具等，按环保规定处理废弃物，不可发生语言争执或肢体碰撞，避免人员受伤	5	
总评分				

教师签字：　　　　　　　　　　　　考核日期：

任务2　外围部件的拆卸

一、实训目标

1. 能说出发动机外围部件（包括各传感器、执行器）的名称及安装位置。
2. 能完成发动机外围部件的拆卸。
3. 能按照技术要求拆卸发动机外围部件。
4. 能说出拆卸发动机外围部件的注意事项。

二、实训准备

1. 设备检查

发动机型号：____________

外观情况：____________

2. 实训器材准备

清点以下仪器、设备、工量具、辅助材料是否齐全。

（1）仪器、设备和工量具

序号	仪器、设备和工量具	检查结果
1	实训整车	
2	工具车	
3	零件车	
4	工作台	
5	发动机拆装专用工具	

续表

序号	仪器、设备和工量具	检查结果
6	发动机拆装台架	
7	气枪	
8	机油滤清器扳手	

（2）辅助材料

序号	辅助材料名称	检查结果
1	润滑油盆	
2	冷却液盆	
3	抹布	
4	维修手册	

3．防护措施

（1）作业人员应穿戴个人防护用品，包括工作服、工作帽、护目镜等，操作时不可佩戴手表等金属饰品，留长发者应将长发束在工作帽中。

（2）确保使用正确的设备和工具进行维修作业，操作过程中应严格遵守操作规程和相关安全标准。

（3）实训车辆必须做好防护措施，铺好转向盘套、座套、脚垫，打开发动机舱盖，铺好翼子板布。

（4）举升车辆时应严格按照举升机使用方法进行操作，并通知其他人员远离举升设备。

（5）遵循“8S”管理规定。

三、技能训练

外围部件的拆卸

班级：　　　　　　　　　　　姓名：　　　　　　　　　　　工位：

序号	操作步骤	操作内容	情况记录（包括完成情况、注意事项、存在问题、结果等）
1	燃油供给系统卸压	1．关闭__________，断开汽车发动机电路。 2． 3．	

续表

序号	操作步骤	操作内容	情况记录（包括完成情况、注意事项、存在问题、结果等）
2	断开发动机电源（拆下蓄电池）	拧松蓄电池__________螺栓，取下__________导线，使其离开负极柱；拆下蓄电池__________导线，拆下蓄电池。	
3	断开燃油管路	1. 2.	
4	放净润滑油	将润滑油盆置于________________正下方，放净润滑油。	
5	放净冷却液	1．将冷却液盆置于__________下方，正对散热器出水口。 2．将散热器下水管的________松开，拉开水管，使冷却液流入盆中。 3. 4.	
6	拆下电控系统传感器和执行器线束连接器	1．拔下喷油器导线__________。 2．拔下___________________插头。 3. 4. 5. 6. 7. 8. 9. 10.	
7	拆下进气管路软管	1．拆下________________。 2．清洁________________。	

续表

序号	操作步骤	操作内容	情况记录（包括完成情况、注意事项、存在问题、结果等）
8	拆下节气门体上的管路及附件	1. 2. 3. 拆卸________________。	
9	拆下剩余的水管	依次拆下空调暖风水管和散热器上的______________。	
10	拆下发电机	1. 拆下发电机________________。 2. 拆下发电机________________。 3. 4.	
11	拆下发动机进、排气歧管	1. 取出发动机________________。 2. 拆下________分配管总成。 3. 4. 取下喷油器上的________。 5. 6.	
12	拆下起动机	1. 拆下起动机________。 2.	
13	拆下机油滤清器总成	1. 用__________________________拧下机油滤芯。 2.	
14	拆下惰轮、压缩机支架	拆下惰轮、压缩机支架的_______个固定螺栓，取下压缩机支架。	
15	拆下节温器	1. 拆下________________________及___________。 2. 3. 取出________。	

续表

序号	操作步骤	操作内容	情况记录（包括完成情况、注意事项、存在问题、结果等）
16	操作后整理	1. 2. 3.	

任务总结
（请对本任务完成情况、操作注意事项等进行总结）

四、考核评价

考核评价表

班级：　　　　　　　　　　姓名：　　　　　　　　　　工位：

项目	作业内容	评价要点	配分	评价
准备工作	场地准备	工位应干净、整洁，地面无油污	1	
		实训整车、工作台、工具车、零件车等放置于合适位置	1	
	设备检查	检查实训车辆是否停放平稳	2	
		发动机拆装台架是否稳固，检查锁紧机构是否有效	2	
	人员防护	工作服、工作鞋等穿戴整齐	2	
		拆卸操作时应佩戴棉纱手套	2	
	工量具检查	检查工具车中工具是否齐全，有无损坏等情况	3	
		检查发动机拆装专用工具是否齐全、完好	2	
操作	操作要点	能正确拆卸蓄电池	5	
		能对燃油供给系统卸压	10	
		能放净发动机润滑油	10	
		能放净冷却液	10	
		能正确拆卸电控系统传感器和执行器线束连接器	10	
		能正确拆卸进、排气歧管及其他附件	10	

续表

项目	作业内容	评价要点	配分	评价
操作	技术规范	能简述发动机外围部件的拆卸顺序	5	
		能正确使用维修常用工具及发动机专用拆装工具	5	
		能根据维修手册，按要求排放发动机润滑油及冷却液	5	
职业素养	安全及合作	操作时应佩戴防护手套、护目镜等安全防护用品	2	
		注意操作安全，不随意放置工具、量具，不应有其他安全隐患	5	
		小组作业时应互相配合、合理分工，不可发生争执	3	
	“8S”管理	能查阅维修手册并严格执行技术规范，有良好的责任心和职业道德	3	
		能按正确步骤操作，不得损坏设备、工量具等，按环保规定处理废弃物，不可发生语言争执或肢体碰撞，避免人员受伤	2	
总评分				

教师签字：　　　　　　　　　　　　考核日期：

任务3　配气机构的拆卸

一、实训目标

1. 能说出发动机配气机构的组成及各零部件的名称。
2. 能完成发动机配气机构的拆卸。
3. 能说出拆卸发动机配气机构的注意事项。

二、实训准备

1. 设备检查

发动机型号：________________

外观情况：________________

2. 实训器材准备

清点以下仪器、设备、工量具、辅助材料是否齐全。

（1）仪器、设备和工量具

序号	仪器、设备和工量具	检查结果
1	工具车	
2	零件车	
3	工作台	

续表

序号	仪器、设备和工量具	检查结果
4	发动机拆装专用工具	
5	发动机拆装台架	
6	气门弹簧拆装钳	
7	气门油封钳	

（2）辅助材料

序号	辅助材料名称	检查结果
1	抹布	
2	维修手册	
3	记号笔	

3．防护措施

（1）作业人员应穿戴个人防护用品，包括工作服、工作帽、护目镜等，操作时不可佩戴手表等金属饰品，留长发者应将长发束在工作帽中。

（2）确保使用正确的设备和工具进行维修作业，操作过程中应严格遵守操作规程和相关安全标准。

（3）实训车辆必须做好防护措施，铺好转向盘套、座套、脚垫，打开发动机舱盖，铺好翼子板布。

（4）举升车辆时应严格按照举升机使用方法进行操作，并通知其他人员远离举升设备。

（5）遵循“8S”管理规定。

三、技能训练

配气机构的拆卸

班级：　　　　　　　　　　　　姓名：　　　　　　　　　　　　工位：

序号	操作步骤	操作内容	情况记录（包括完成情况、注意事项、存在问题、结果等）
1	拆卸正时带	1．拆下正时带________护罩。 2．拆下正时带________护罩。 3．拆下曲轴传动带带轮。 4．拆下正时带________护罩。 5．松开正时带________。 6． 7．拆下正时带________。	

续表

序号	操作步骤	操作内容	情况记录（包括完成情况、注意事项、存在问题、结果等）
2	拆卸气缸盖	1．拆下正时带________护罩。 2．拆下________罩盖螺栓。 3． 4． 5． 6． 7．取下________。	
3	分解气缸盖	1．将气缸盖总成________在工作台上。 2．拆下进、排气凸轮轴________________带轮。 3．从凸轮轴上取下__________。 4． 5． 6． 7．用________________将气门弹簧座压下，取出____________________________和________________。 8． 9．用________________取出气门油封。 10．用专用工具取出__________。	
4	操作后整理	1． 2． 3．	

任务总结
（请对本任务完成情况、操作注意事项等进行总结）

四、考核评价

考核评价表

班级：　　　　　　　　姓名：　　　　　　　工位：

<table>
<tr><th>项目</th><th>作业内容</th><th>评价要点</th><th>配分</th><th>评价</th></tr>
<tr><td rowspan="8">准备工作</td><td rowspan="2">场地准备</td><td>工位应干净、整洁，地面无油污</td><td>1</td><td></td></tr>
<tr><td>工作台、工具车、零件车等放置于合适位置</td><td>1</td><td></td></tr>
<tr><td rowspan="2">设备检查</td><td>发动机是否安装牢固，发动机旋转是否正常</td><td>2</td><td></td></tr>
<tr><td>发动机拆装台架是否稳固，检查锁紧机构是否有效</td><td>2</td><td></td></tr>
<tr><td rowspan="2">人员防护</td><td>工作服、工作鞋等穿戴整齐</td><td>2</td><td></td></tr>
<tr><td>拆卸操作时应佩戴棉纱手套</td><td>2</td><td></td></tr>
<tr><td rowspan="2">工量具检查</td><td>检查工具车中工具是否齐全，有无损坏等情况</td><td>3</td><td></td></tr>
<tr><td>检查发动机拆装专用工具是否齐全、完好</td><td>2</td><td></td></tr>
<tr><td rowspan="9">操作</td><td rowspan="6">操作要点</td><td>能正确使用发动机拆装专用工具</td><td>5</td><td></td></tr>
<tr><td>能正确拆卸正时带护罩</td><td>10</td><td></td></tr>
<tr><td>能正确拆卸正时带</td><td>10</td><td></td></tr>
<tr><td>能正确拆卸气缸盖</td><td>10</td><td></td></tr>
<tr><td>能正确分解气缸盖</td><td>10</td><td></td></tr>
<tr><td>能用气门油封钳正确拆卸气门油封</td><td>10</td><td></td></tr>
<tr><td rowspan="3">技术规范</td><td>能简述发动机配气机构的拆卸顺序</td><td>5</td><td></td></tr>
<tr><td>能正确使用常用维修工具及发动机专用拆装工具</td><td>5</td><td></td></tr>
<tr><td>能根据维修手册，按要求拆卸凸轮轴和各缸进、排气门</td><td>7</td><td></td></tr>
<tr><td rowspan="5">职业素养</td><td rowspan="3">安全及合作</td><td>操作时应佩戴防护手套、护目镜等安全防护用品</td><td>3</td><td></td></tr>
<tr><td>注意操作安全，不随意放置工具、量具，不应有其他安全隐患</td><td>5</td><td></td></tr>
<tr><td>小组作业时应互相配合、合理分工，不可发生争执</td><td>2</td><td></td></tr>
<tr><td rowspan="2">“8S”管理</td><td>能查阅维修手册并严格执行技术规范，有良好的责任心和职业道德</td><td>3</td><td></td></tr>
<tr><td>能按正确步骤操作，不得损坏设备、工量具等，按环保规定处理废弃物，不可发生语言争执或肢体碰撞，避免人员受伤</td><td>2</td><td></td></tr>
<tr><td colspan="4">总评分</td><td></td></tr>
</table>

教师签字：　　　　　　　　　考核日期：

任务4 活塞连杆组的拆卸

一、实训目标

1. 能说出发动机活塞连杆组的组成及各零部件的名称。
2. 能完成发动机活塞连杆组的拆卸。
3. 能说出拆卸发动机活塞连杆组的注意事项。

二、实训准备

1. 设备检查

发动机型号：____________

外观情况：____________

2. 实训器材准备

清点以下仪器、设备、工量具、辅助材料是否齐全。

（1）仪器、设备和工量具

序号	仪器、设备和工量具	检查结果
1	工具车	
2	零件车	
3	工作台	
4	发动机拆装专用工具	
5	发动机拆装台架	
6	活塞环拆装钳	
7	铲刀	

（2）辅助材料

序号	辅助材料名称	检查结果
1	抹布	
2	维修手册	
3	记号笔	

3. 防护措施

（1）作业人员应穿戴个人防护用品，包括工作服、工作帽、护目镜等，操作时不可佩戴手表等金属饰品，留长发者应将长发束在工作帽中。

（2）确保使用正确的设备和工具进行维修作业，操作过程中应严格遵守操作规程和相关安全标准。

（3）实训车辆必须做好防护措施，铺好转向盘套、座套、脚垫，打开发动机舱盖，铺好翼子板布。

（4）举升车辆时应严格按照举升机使用方法进行操作，并通知其他人员远离举升设备。

（5）遵循“8S”管理规定。

三、技能训练

活塞连杆组的拆卸

班级： 姓名： 工位：

序号	操作步骤	操作内容	情况记录（包括完成情况、注意事项、存在问题、结果等）
1	拆卸油底壳	1. 按顺序拆下油底壳上的________个固定螺栓。在________和________之间插入铲刀，铲开密封垫并取下油底壳。 2.	
2	拆卸活塞连杆组	1. 将第________缸活塞转至下止点位置。 2. 拆卸________轴承盖。 3. 4. 5.	
3	分解活塞连杆组	1. 用活塞环拆装钳拆下________。 2. 3. 拆下活塞环上的________、________和________。 4. 拆下________。	
4	操作后整理	1. 2. 3.	

续表

任务总结
（请对本任务完成情况、操作注意事项等进行总结）

四、考核评价

考核评价表

班级： 姓名： 工位：

项目	作业内容	评价要点	配分	评价
准备工作	场地准备	工位应干净、整洁，地面无油污	1	
		工作台、工具车、零件车等放置于合适位置	1	
	设备检查	发动机是否安装牢固，发动机旋转是否正常	2	
		发动机拆装台架是否稳固，检查锁紧机构是否有效	2	
	人员防护	工作服、工作鞋等穿戴整齐	2	
		拆卸操作时应佩戴棉纱手套	2	
	工量具检查	检查工具车中工具是否齐全，有无损坏等情况	3	
		检查发动机拆装专用工具是否齐全、完好	2	
操作	操作要点	能正确、规范使用维修工具	5	
		能正确拆卸油底壳	10	
		能正确拆卸活塞连杆组	20	
		能分解活塞连杆组	20	
	技术规范	能简述发动机活塞连杆组的拆卸顺序	5	
		能正确使用活塞环拆装钳，防止活塞及活塞环损伤	5	
		能根据维修手册，按要求分解活塞连杆组	5	
职业素养	安全及合作	注意操作安全，不随意放置工具、量具，不应有其他安全隐患	5	
		操作时应佩戴防护手套、护目镜等安全防护用品	3	
		小组作业时应互相配合、合理分工，不可发生争执	2	

续表

项目	作业内容	评价要点	配分	评价
职业素养	“8S”管理	能查阅维修手册并严格执行技术规范，有良好的责任心和职业道德	3	
		能按正确步骤操作，不得损坏设备、工量具等，按环保规定处理废弃物，不可发生语言争执或肢体碰撞，避免人员受伤	2	
总评分				

教师签字： 考核日期：

任务5 曲轴飞轮组的拆卸

一、实训目标

1. 能说出发动机曲轴飞轮组的组成及各零部件的名称。
2. 能完成发动机曲轴飞轮组的拆卸。
3. 能说出拆卸发动机曲轴飞轮组的注意事项。

二、实训准备

1. 设备检查

发动机型号：________________

外观情况：________________

2. 实训器材准备

清点以下仪器、设备、工量具、辅助材料是否齐全。

（1）仪器、设备和工量具

序号	仪器、设备和工量具	检查结果
1	工具车	
2	零件车	
3	工作台	
4	发动机拆装专用工具	
5	发动机拆装台架	

（2）辅助材料

序号	辅助材料名称	检查结果
1	抹布	
2	维修手册	
3	木棍	

3．防护措施

（1）作业人员应穿戴个人防护用品，包括工作服、工作帽、护目镜等，操作时不可佩戴手表等金属饰品，留长发者应将长发束在工作帽中。

（2）确保使用正确的设备和工具进行维修作业，操作过程中应严格遵守操作规程和相关安全标准。

（3）实训车辆必须做好防护措施，铺好转向盘套、座套、脚垫，打开发动机舱盖，铺好翼子板布。

（4）举升车辆时应严格按照举升机使用方法进行操作，并通知其他人员远离举升设备。

（5）遵循“8S”管理规定。

三、技能训练

曲轴飞轮组的拆卸

班级：　　　　　　　　　　姓名：　　　　　　　　　　工位：

序号	操作步骤	操作内容	情况记录（包括完成情况、注意事项、存在问题、结果等）
1	拆卸飞轮	1．单方向固定________，防止拆卸飞轮螺栓时曲轴旋转。 2．	
2	拆卸曲轴正时带轮	1．拆卸曲轴________。 2．	
3	拆卸机油泵	1．拆卸曲轴________。 2．拆下__________。 3．	
4	拆卸曲轴	1．拆下曲轴________。 2． 3． 4．	

续表

序号	操作步骤	操作内容	情况记录（包括完成情况、注意事项、存在问题、结果等）
5	操作后整理	1. 2. 3.	
任务总结			
（请对本任务完成情况、操作注意事项等进行总结）			

四、考核评价

考核评价表

班级：　　　　　　　　　姓名：　　　　　　　　工位：

项目	作业内容	评价要点	配分	评价
准备工作	场地准备	工位应干净、整洁，地面无油污	1	
		工作台、工具车、零件车等放置于合适位置	1	
	设备检查	发动机是否安装牢固，发动机旋转是否正常	2	
		发动机拆装台架是否稳固，检查锁紧机构是否有效	2	
	人员防护	工作服、工作鞋等穿戴整齐	2	
		拆卸操作时应佩戴棉纱手套	2	
	工量具检查	检查工具车中工具是否齐全，有无损坏等情况	3	
		检查发动机拆装专用工具是否齐全、完好	2	
操作	操作要点	能正确、规范使用维修工具	5	
		能正确拆卸飞轮	10	
		能正确拆卸曲轴后油封凸缘	10	
		能正确拆卸曲轴主轴承盖	10	
		能将拆下的主轴承盖按顺序摆放并做好标记	10	
		能将拆下的曲轴轴瓦按顺序摆放并做好标记	10	

续表

项目	作业内容	评价要点	配分	评价
操作	技术规范	能简述发动机曲轴飞轮组的拆卸顺序	5	
		能在拆卸曲轴正时带轮时先用木棍固定曲轴，防止曲轴转动	5	
		能根据维修手册，按顺序分次拆卸曲轴主轴承盖螺栓	5	
职业素养	安全及合作	操作时应佩戴防护手套、护目镜等安全防护用品	3	
		注意操作安全，不随意放置工具、量具，不应有其他安全隐患	5	
		小组作业时应互相配合、合理分工，不可发生争执	2	
	“8S”管理	能查阅维修手册并严格执行技术规范，有良好的责任心和职业道德	3	
		能按正确步骤操作，不得损坏设备、工量具等，按环保规定处理废弃物，不可发生语言争执或肢体碰撞，避免人员受伤	2	
总评分				

教师签字： 考核日期：

模块二　零部件的清洗与检测

任务1　曲轴的清洗与检测

一、实训目标

1. 能正确清洗曲轴。
2. 能测量曲轴的主轴颈尺寸、连杆轴颈尺寸和曲轴弯曲度。
3. 能根据测量数据，提出正确的修理建议。

二、实训准备

1. 设备检查

发动机型号：________________

外观情况：__________________

2. 实训器材准备

清点以下仪器、设备、工量具、辅助材料是否齐全。

（1）仪器、设备和工量具

序号	仪器、设备和工量具	检查结果
1	发动机曲轴	
2	工具车	
3	零件车	
4	工作台	
5	千分尺	
6	百分表及磁性表座	
7	空气压缩机	
8	气枪	
9	V形架	

（2）辅助材料

序号	辅助材料名称	检查结果
1	润滑油盆	
2	软毛刷	
3	专用清洗剂	
4	细铜丝	
5	维修手册	
6	棉纱	

3．防护措施

（1）作业人员应穿戴个人防护用品，包括工作服、工作帽、护目镜等，操作时不可佩戴手表等金属饰品，留长发者应将长发束在工作帽中。

（2）确保使用正确的设备和工具进行维修作业，操作过程中应严格遵守操作规程和相关安全标准。

（3）实训车辆必须做好防护措施，铺好转向盘套、座套、脚垫，打开发动机舱盖，铺好翼子板布。

（4）举升车辆时应严格按照举升机使用方法进行操作，并通知其他人员远离举升设备。

（5）遵循“8S”管理规定。

三、技能训练

曲轴的清洗与检测

班级：　　　　　　　　　　姓名：　　　　　　　　　　工位：

序号	操作步骤	操作内容	情况记录（包括完成情况、注意事项、存在问题、结果等）
1	清洗曲轴及吹干	1. 2.	
2	曲轴主轴颈、连杆轴颈尺寸的检测	1．测量曲轴__________尺寸。 2．正确选择轴颈测量位置和角度。 3．测量____________尺寸。	主轴标准尺寸： 主轴第一次缩小后尺寸： 主轴第二次缩小后尺寸： 连杆轴标准尺寸： 连杆轴第一次缩小后尺寸： 连杆轴第二次缩小后尺寸：

续表

<table>
<tr><th>序号</th><th>操作步骤</th><th>操作内容</th><th>情况记录（包括完成情况、注意事项、存在问题、结果等）</th></tr>
<tr><td>3</td><td>曲轴弯曲度的检测</td><td>1．将曲轴放在______________上，安装好磁性表座并将______________。
2．转动________________，观察百分表读数的变化。</td><td><table><tr><th>检测次数</th><th>曲轴弯曲度</th></tr><tr><td>第一遍</td><td></td></tr><tr><td>第二遍</td><td></td></tr><tr><td>第三遍</td><td></td></tr></table></td></tr>
<tr><td>4</td><td>操作后整理</td><td>将工位清理干净，整理好相关工具、物品等。</td><td></td></tr>
<tr><td colspan="4">任务总结</td></tr>
<tr><td colspan="4">（请对本任务完成情况、操作注意事项等进行总结）</td></tr>
</table>

四、考核评价

考核评价表

班级：　　　　　　　　　　姓名：　　　　　　　　　　工位：

项目	作业内容	评价要点	配分	评价
准备工作	场地准备	工位应干净、整洁，地面无油污	1	
		工作台、工具车、零件车等放置于合适位置	1	
	设备检查	检查气枪是否处于正常工作状态	2	
		检查空气压缩机各部件是否灵敏，各连接部位是否紧固	2	
	人员防护	工作服、工作鞋等穿戴整齐	2	
		拆装操作时应佩戴棉纱手套	2	
	工量具检查	检查工具车中工具是否齐全，有无损坏等情况	3	
		检查千分尺的外观是否完好，零位是否准确	2	
		检查百分表指针灵敏度，确保测杆的上下移动平稳、灵活，无卡滞	2	

续表

项目	作业内容	评价要点	配分	评价
操作	操作要点	能正确清洗曲轴并吹干	8	
		能正确、规范使用千分尺和百分表	10	
		能正确测量曲轴主轴颈尺寸、连杆轴颈尺寸及曲轴弯曲度并记录测量数据	20	
	技术规范	能正确选择测量曲轴轴颈时的位置和角度	10	
		能在测量前对百分表调零	10	
		能根据测量结果判断主轴颈和连杆轴颈的磨损情况	10	
职业素养	安全及合作	操作时应佩戴防护手套、护目镜等安全防护用品	3	
		注意操作安全，不随意放置工具、量具，不应有其他安全隐患	5	
		小组作业时应互相配合、合理分工，不可发生争执	2	
	“8S”管理	能查阅维修手册并严格执行技术规范，有良好的责任心和职业道德	3	
		能按正确步骤操作，不得损坏设备、工量具等，按环保规定处理废弃物，不可发生语言争执或肢体碰撞，避免人员受伤	2	
总评分				

教师签字：　　　　　　　　　　　　　考核日期：

任务❷　活塞的清洗与检测

一、实训目标

1．能正确清洗活塞。

2．能测量活塞的直径、活塞环的侧隙和端隙。

3．能根据测量数据，提出正确的修理建议。

二、实训准备

1．设备检查

发动机型号：__________

外观情况：__________

2．实训器材准备

清点以下仪器、设备、工量具、辅助材料是否齐全。

（1）仪器、设备和工量具

序号	仪器、设备和工量具	检查结果
1	发动机拆装台架	
2	工具车	
3	零件车	
4	工作台	
5	活塞环槽清洁工具	
6	千分尺	
7	塞尺	
8	内径百分表	
9	发动机活塞、气缸体	
10	铲刀	

（2）辅助材料

序号	辅助材料名称	检查结果
1	润滑油盆	
2	维修手册	
3	软毛刷	
4	化油器清洗剂	
5	抹布	

3．防护措施

（1）作业人员应穿戴个人防护用品，包括工作服、工作帽、护目镜等，操作时不可佩戴手表等金属饰品，留长发者应将长发束在工作帽中。

（2）确保使用正确的设备和工具进行维修作业，操作过程中应严格遵守操作规程和相关安全标准。

（3）实训车辆必须做好防护措施，铺好转向盘套、座套、脚垫，打开发动机舱盖，铺好翼子板布。

（4）举升车辆时应严格按照举升机使用方法进行操作，并通知其他人员远离举升设备。

（5）遵循“8S”管理规定。

三、技能训练

活塞的清洗与检测

班级：　　　　　　　　　　姓名：　　　　　　　　　　工位：

<table>
<tr><th>序号</th><th>操作步骤</th><th>操作内容</th><th>情况记录（包括完成情况、注意事项、存在问题、结果等）</th></tr>
<tr><td>1</td><td>清洗活塞</td><td>1. 使用________从活塞顶面清除所有________。
2. 使用____________清洁活塞环槽。
3. 使用________和________彻底清洗活塞。</td><td></td></tr>
<tr><td>2</td><td>测量活塞直径</td><td>使用________在与销孔轴线垂直的方向上且距离活塞顶________mm处测量活塞头部的直径。</td><td>标准活塞间隙：
活塞直径测量值：</td></tr>
<tr><td>3</td><td>测量活塞环侧隙</td><td>使用塞尺测量______与______的间隙。</td><td><table><tr><th>气环位置</th><th>活塞环侧隙标准尺寸</th><th>活塞环侧隙测量尺寸</th></tr><tr><td>第一道气环</td><td></td><td></td></tr><tr><td>第二道气环</td><td></td><td></td></tr></table></td></tr>
<tr><td>4</td><td>测量活塞环端隙</td><td>1.
2. 使用活塞推入活塞环到距气缸体顶面距离为______mm处。
3. 使用________测量活塞环端隙。</td><td><table><tr><th>气环位置</th><th>活塞环端隙标准尺寸</th><th>活塞环端隙测量尺寸</th></tr><tr><td>第一道气环</td><td></td><td></td></tr><tr><td>第二道气环</td><td></td><td></td></tr></table></td></tr>
<tr><td>5</td><td>操作后整理</td><td>1.
2.
3.</td><td></td></tr>
<tr><td colspan="4">任务总结</td></tr>
<tr><td colspan="4">（请对本任务完成情况、操作注意事项等进行总结）</td></tr>
</table>

四、考核评价

考核评价表

班级： 姓名： 工位：

项目	作业内容	评价要点	配分	评价
准备工作	场地准备	工位应干净、整洁，地面无油污	1	
		工作台、工具车、零件车等放置于合适位置	1	
	设备检查	检查发动机总成与发动机拆装台架是否安装牢固	2	
		翻转发动机拆装台架，检查锁紧机构是否有效	2	
	人员防护	工作服、工作鞋等穿戴整齐	2	
		拆装操作时应佩戴棉纱手套	2	
	工量具检查	检查工具车中工具是否齐全，有无损坏等情况	3	
		检查千分尺的外观是否完好，零位是否准确	2	
		检查塞尺刻度是否清晰，确保其清洁、完好，无灰尘或其他物质附着	2	
操作	操作要点	能正确清洁活塞	8	
		能正确、规范使用塞尺等量具	10	
		能正确测量活塞直径、活塞环侧隙、活塞环端隙并记录数据	15	
	技术规范	能简述活塞清洗的顺序	10	
		能根据维修手册，按要求测量数据	10	
		能根据测量结果判断活塞磨损情况	15	
职业素养	安全及合作	操作时应佩戴防护手套、护目镜等安全防护用品	3	
		注意操作安全，不随意放置工具、量具，不应有其他安全隐患	5	
		小组作业时应互相配合、合理分工，不可发生争执	2	
	“8S”管理	能查阅维修手册并严格执行技术规范，有良好的责任心和职业道德	3	
		能按正确步骤操作，不得损坏设备、工量具等，按环保规定处理废弃物，不可发生语言争执或肢体碰撞，避免人员受伤	2	
总评分				

任务❸ 气缸体的清洗与检测

一、实训目标

1. 能正确清洗气缸体。
2. 能测量气缸体的平面度、气缸直径。
3. 能根据测量数据，提出正确的修理建议。

二、实训准备

1. 设备检查

发动机型号：________________

外观情况：__________________

2. 实训器材准备

清点以下仪器、设备、工量具、辅助材料是否齐全。

（1）仪器、设备和工量具

序号	仪器、设备和工量具	检查结果
1	发动机气缸体及缸盖	
2	发动机拆装台架	
3	工具车	
4	零件车	
5	工作台	
6	空气压缩机	
7	发动机拆装专用工具	
8	刀口尺	
9	塞尺	
10	内径百分表	
11	气枪	
12	铲刀	

（2）辅助材料

序号	辅助材料名称	检查结果
1	润滑油盆	
2	软毛刷	

续表

序号	辅助材料名称	检查结果
3	化油器清洗剂	
4	细铜丝	
5	抹布	
6	维修手册	

3．防护措施

（1）作业人员应穿戴个人防护用品，包括工作服、工作帽、护目镜等，操作时不可佩戴手表等金属饰品，留长发者应将长发束在工作帽中。

（2）确保使用正确的设备和工具进行维修作业，操作过程中应严格遵守操作规程和相关安全标准。

（3）实训车辆必须做好防护措施，铺好转向盘套、座套、脚垫，打开发动机舱盖，铺好翼子板布。

（4）举升车辆时应严格按照举升机使用方法进行操作，并通知其他人员远离举升设备。

（5）遵循“8S”管理规定。

三、技能训练

气缸体的清洗与检测

班级：　　　　　　　　姓名：　　　　　　　　工位：

<table>
<tr><th>序号</th><th>操作步骤</th><th>操作内容</th><th>情况记录（包括完成情况、注意事项、存在问题、结果等）</th></tr>
<tr><td>1</td><td>清洗气缸体</td><td>1．用________清除气缸体表面的密封胶、污垢。
2．清洁________、________和________内的积炭。
3．
4．清洗后用________吹净气缸体内外表面及油道、水道。</td><td></td></tr>
<tr><td>2</td><td>气缸体平面度的检测</td><td>使用________和________，测量气缸体和气缸盖接触面的翘曲变形量（平面度）。</td><td>
<table>
<tr><th>测量位置</th><th>检测 1</th><th>检测 2</th><th>检测 3</th><th>结果判断</th></tr>
<tr><td>横向 1 号</td><td></td><td></td><td></td><td></td></tr>
<tr><td>横向 2 号</td><td></td><td></td><td></td><td></td></tr>
<tr><td>纵向 1 号</td><td></td><td></td><td></td><td></td></tr>
<tr><td>纵向 2 号</td><td></td><td></td><td></td><td></td></tr>
<tr><td>对角向 1 号</td><td></td><td></td><td></td><td></td></tr>
<tr><td>对角向 2 号</td><td></td><td></td><td></td><td></td></tr>
</table>
</td></tr>
</table>

续表

<table>
<tr><th>序号</th><th>操作步骤</th><th>操作内容</th><th>情况记录（包括完成情况、注意事项、存在问题、结果等）</th></tr>
<tr><td>3</td><td>气缸直径的检测</td><td>1. 检查气缸的________。
2. 用________测量气缸直径。</td><td>
<table>
<tr><td colspan="6">测量前准备校零</td></tr>
<tr><td colspan="3">内径百分表校准读数（ ）</td><td colspan="3">测杆长度（ ）</td></tr>
<tr><td>气缸直径测量</td><td>位置</td><td>直径 A（纵向）</td><td>直径 B（横向）</td><td>圆度</td><td>圆柱度</td></tr>
<tr><td rowspan="3">第 1 缸</td><td>上</td><td></td><td></td><td></td><td></td></tr>
<tr><td>中</td><td></td><td></td><td></td><td></td></tr>
<tr><td>下</td><td></td><td></td><td></td><td></td></tr>
<tr><td rowspan="3">第 2 缸</td><td>上</td><td></td><td></td><td></td><td></td></tr>
<tr><td>中</td><td></td><td></td><td></td><td></td></tr>
<tr><td>下</td><td></td><td></td><td></td><td></td></tr>
<tr><td rowspan="3">第 3 缸</td><td>上</td><td></td><td></td><td></td><td></td></tr>
<tr><td>中</td><td></td><td></td><td></td><td></td></tr>
<tr><td>下</td><td></td><td></td><td></td><td></td></tr>
<tr><td rowspan="3">第 4 缸</td><td>上</td><td></td><td></td><td></td><td></td></tr>
<tr><td>中</td><td></td><td></td><td></td><td></td></tr>
<tr><td>下</td><td></td><td></td><td></td><td></td></tr>
<tr><td rowspan="2">修理建议</td><td>是否修理</td><td></td><td></td><td></td><td></td></tr>
<tr><td>维修级别</td><td></td><td></td><td></td><td></td></tr>
</table>
</td></tr>
<tr><td>4</td><td>操作后整理</td><td>1.
2.
3.</td><td></td></tr>
<tr><td colspan="4">任务总结</td></tr>
<tr><td colspan="4">（请对本任务完成情况、操作注意事项等进行总结）</td></tr>
</table>

四、考核评价

考核评价表

班级：　　　　　　　　　　姓名：　　　　　　　　　工位：

项目	作业内容	评价要点	配分	评价
准备工作	场地准备	工位应干净、整洁，地面无油污	1	
		工作台、工具车、零件车等放置于合适位置	1	
	设备检查	检查发动机总成与发动机拆装台架是否安装牢固	2	
		翻转发动机拆装台架，检查锁紧机构是否有效	2	
	人员防护	工作服、工作鞋等穿戴整齐	2	
		拆装操作时应佩戴棉纱手套	2	
	工量具检查	检查工具车中工具是否齐全，有无损坏等情况	3	
		检查发动机拆装专用工具是否齐全、完好	2	
		检测刀口尺的密封性及不平整度	3	
		检查百分表指针灵敏度，确保测杆的上下移动平稳、灵活，无卡滞	4	
		检查塞尺刻度是否清晰，确保其清洁、完好，无灰尘或其他物质附着	3	
操作	操作要点	能正确清洗气缸体	5	
		能正确、规范使用量具	10	
		能根据维修手册，正确测量气缸体平面度、气缸直径等数据	10	
		能在测量前对测量工具调零	10	
		能正确选择测量工具	10	
	技术规范	能简述气缸体清洗的顺序	5	
		能根据维修手册，选择合适的测量位置	5	
		能根据检测结果判断各检测部位是否符合技术规范	5	
职业素养	安全及合作	操作时应佩戴防护手套、护目镜等安全防护用品	3	
		注意操作安全，不随意放置工具、量具，不应有其他安全隐患	5	
		小组作业时应互相配合、合理分工，不可发生争执	2	
	“8S”管理	能查阅维修手册并严格执行技术规范，有良好的责任心和职业道德	3	
		能按正确步骤操作，不得损坏设备、工量具等，按环保规定处理废弃物，不可发生语言争执或肢体碰撞，避免人员受伤	2	
总评分				

教师签字：　　　　　　　　　　　　考核日期：

任务4 传感器与执行器的检测

一、实训目标

1. 能说出各传感器和执行器的作用。
2. 能对各传感器和执行器进行检测。
3. 能根据测量数据，正确判断各传感器和执行器的性能。

二、实训准备

1. 设备检查

发动机型号：________________

外观情况：________________

2. 实训器材准备

清点以下仪器、设备、工量具、辅助材料是否齐全。

（1）仪器、设备和工量具

序号	仪器、设备和工量具	检查结果
1	发动机各传感器和执行器	
2	数字万用表	
3	工具车	
4	零件车	
5	工作台	
6	发动机拆装专用工具	

（2）辅助材料

序号	辅助材料名称	检查结果
1	插头端子延长线	
2	抹布	
3	维修手册	

3. 防护措施

（1）作业人员应穿戴个人防护用品，包括工作服、工作帽、护目镜等，操作时不可佩戴手表等金属饰品，留长发者应将长发束在工作帽中。

（2）确保使用正确的设备和工具进行维修作业，操作过程中应严格遵守操作规程和相关安全标准。

（3）实训车辆必须做好防护措施，铺好转向盘套、座套、脚垫，打开发动机舱盖，铺好翼子板布。

（4）举升车辆时应严格按照举升机使用方法进行操作，并通知其他人员远离举升设备。

（5）遵循“8S”管理规定。

三、技能训练

传感器与执行器的检测

班级：　　　　　　　　　　姓名：　　　　　　　　　　工位：

<table>
<tr><th>序号</th><th>操作步骤</th><th>操作内容</th><th>情况记录（包括完成情况、注意事项、存在问题、结果等）</th></tr>
<tr><td>1</td><td>冷却液温度传感器的检测</td><td>1.
2. 将数字万用表调至________挡，量程选择________。
3. 测量冷却液温度传感器插头________与________针脚间的电阻。</td><td><table><tr><td>温度 /℃</td><td>电阻值 /Ω</td><td>标准值 /Ω</td><td>结果判断</td></tr><tr><td></td><td></td><td></td><td></td></tr><tr><td></td><td></td><td></td><td></td></tr><tr><td></td><td></td><td></td><td></td></tr></table></td></tr>
<tr><td>2</td><td>进气温度传感器的检测</td><td>1.
2. 将数字万用表调至________挡，量程选择________。
3. 测量进气温度传感器插头________与________针脚间的电阻。</td><td><table><tr><td>温度 /℃</td><td>电阻值 /Ω</td><td>标准值 /Ω</td><td>结果判断</td></tr><tr><td></td><td></td><td></td><td></td></tr><tr><td></td><td></td><td></td><td></td></tr><tr><td></td><td></td><td></td><td></td></tr></table></td></tr>
<tr><td>3</td><td>氧传感器的检测</td><td>1.
2. 将数字万用表调至________挡，量程选择________。
3. 测量氧传感器插头________与________针脚间的电阻。</td><td><table><tr><td>测量次数</td><td>传感器端子号</td><td>标准值 /Ω</td><td>结果判断</td></tr><tr><td>测量 1</td><td></td><td></td><td></td></tr><tr><td>测量 2</td><td></td><td></td><td></td></tr><tr><td>测量 3</td><td></td><td></td><td></td></tr><tr><td>测量 4</td><td></td><td></td><td></td></tr></table></td></tr>
<tr><td>4</td><td>曲轴位置传感器的检测</td><td>1.
2. 将数字万用表调至________挡，量程选择________。
3. 测量曲轴位置传感器插头________与________针脚间的电阻。</td><td><table><tr><td>测量次数</td><td>传感器端子号</td><td>标准值 /Ω</td><td>结果判断</td></tr><tr><td>测量 1</td><td></td><td></td><td></td></tr><tr><td>测量 2</td><td></td><td></td><td></td></tr><tr><td>测量 3</td><td></td><td></td><td></td></tr></table></td></tr>
</table>

续表

<table>
<tr><th>序号</th><th>操作步骤</th><th>操作内容</th><th>情况记录（包括完成情况、注意事项、存在问题、结果等）</th></tr>
<tr><td>5</td><td>节气门位置传感器的检测</td><td>1.
2. 将数字万用表调至________挡，量程选择________。
3. 用________________将待测端子引出。
4. 测量________与________针脚间的电阻（节气门全关）。
5. 测量________与________针脚间的电阻（节气门打开）。
6. 测量________与________针脚间的电阻。
7. 将数字万用表的量程调至______。
8. 测量________与________针脚间的电阻（节气门全关）。
9. 一边打开节气门，一边观察电阻值的变化。</td><td><table><tr><th>测量次数</th><th>传感器端子号</th><th>标准值 /Ω</th><th>结果判断</th></tr><tr><td>测量 1</td><td></td><td></td><td></td></tr><tr><td>测量 2</td><td></td><td></td><td></td></tr><tr><td>测量 3</td><td></td><td></td><td></td></tr><tr><td>测量 4</td><td></td><td></td><td></td></tr><tr><td>测量 5</td><td></td><td></td><td></td></tr><tr><td>测量 6</td><td></td><td></td><td></td></tr></table></td></tr>
<tr><td>6</td><td>活性炭罐电磁阀的检测</td><td>1.
2. 将数字万用表调至________挡，量程选择________。
3. 测量活性炭罐电磁阀插头________个端子之间的电阻。</td><td><table><tr><th>测量次数</th><th>传感器端子号</th><th>标准值 /Ω</th><th>结果判断</th></tr><tr><td>测量 1</td><td></td><td></td><td></td></tr><tr><td>测量 2</td><td></td><td></td><td></td></tr></table></td></tr>
<tr><td>7</td><td>喷油器的检测</td><td>1.
2. 将数字万用表调至______挡，量程选择________。
3. 测量喷油器插头____________个端子之间的电阻。</td><td><table><tr><th>测量次数</th><th>传感器端子号</th><th>标准值 /Ω</th><th>结果判断</th></tr><tr><td>测量 1</td><td></td><td></td><td></td></tr><tr><td>测量 2</td><td></td><td></td><td></td></tr></table></td></tr>
<tr><td>8</td><td>操作后整理</td><td>1.
2.
3.</td><td></td></tr>
<tr><td colspan="4">任务总结</td></tr>
<tr><td colspan="4">（请对本任务完成情况、操作注意事项等进行总结）</td></tr>
</table>

四、考核评价

考核评价表

班级： 姓名： 工位：

项目	作业内容	评价要点	配分	评价
准备工作	场地准备	工位应干净、整洁，地面无油污	1	
		工作台、工具车、零件车等放置于合适位置	1	
	设备检查	检查发动机各传感器和执行器外观是否良好，有无破损	4	
	人员防护	工作服、工作鞋等穿戴整齐	2	
		操作时应佩戴棉纱手套	2	
	工量具检查	检查工具车中工具是否齐全，有无损坏等情况	3	
		检查检查数字万用表外观是否有损坏或磨损，表笔是否正常，正负极是否正确	5	
操作	操作要点	能正确使用数字万用表测量各传感器和执行器电阻值	5	
		能正确拆装各传感器和执行器	10	
		能根据维修手册，正确检测冷却液温度传感器、进气温度传感器、氧传感器、曲轴位置传感器、节气门位置传感器的电阻值	18	
		能根据维修手册，正确检测活性炭罐电磁阀、喷油器的电阻值	10	
	技术规范	能简述各传感器和执行器的作用	8	
		能根据维修手册，按要求测量各传感器和执行器	8	
		能根据维修手册，按规范要求检测并判断各传感器和执行器是否符合技术规范	8	
职业素养	安全及合作	操作时应佩戴防护手套、护目镜等安全防护用品	3	
		注意操作安全，不随意放置工具、量具，不应有其他安全隐患	5	
		小组作业时应互相配合、合理分工，不可发生争执	2	
	“8S”管理	能查阅维修手册并严格执行技术规范，有良好的责任心和职业道德	3	
		能按正确步骤操作，不得损坏设备、工量具等，按环保规定处理废弃物，不可发生语言争执或肢体碰撞，避免人员受伤	2	
总评分				

教师签字： 考核日期：

模块三　零部件的更换

任务1　节温器的更换

一、实训目标

1. 能说出节温器的作用。
2. 能说出节温器损坏后的故障现象。
3. 能完成节温器的更换。
4. 能说出更换节温器的注意事项。

二、实训准备

1. 设备检查

发动机型号：＿＿＿＿＿＿＿＿

外观情况：＿＿＿＿＿＿＿＿

2. 实训器材准备

清点以下仪器、设备、工量具、辅助材料是否齐全。

（1）仪器、设备和工量具

序号	仪器、设备和工量具	检查结果
1	实训整车	
2	工具车	
3	零件车	
4	工作台	
5	发动机拆装专用工具	
6	节温器	

（2）辅助材料

序号	辅助材料名称	检查结果
1	冷却液盆	
2	抹布	
3	维修手册	
4	冷却液	
5	冷却水管卡箍	

3．防护措施

（1）作业人员应穿戴个人防护用品，包括工作服、工作帽、护目镜等，操作时不可佩戴手表等金属饰品，留长发者应将长发束在工作帽中。

（2）确保使用正确的设备和工具进行维修作业，操作过程中应严格遵守操作规程和相关安全标准。

（3）实训车辆必须做好防护措施，铺好转向盘套、座套、脚垫，打开发动机舱盖，铺好翼子板布。

（4）举升车辆时应严格按照举升机使用方法进行操作，并通知其他人员远离举升设备。

（5）遵循“8S”管理规定。

三、技能训练

更换节温器

班级：　　　　　　　　　　姓名：　　　　　　　　　　工位：

序号	操作步骤	操作内容	情况记录（包括完成情况、注意事项、存在问题、结果等）
1	排放冷却液	1．将散热器下水管的________松开，拉开水管，让冷却液流入________中。 2．打开________________。	
2	拆卸节温器	1．拆卸节温器水管。 2．断开节温器________。 3. 4.	
3	更换节温器	更换节温器后，按与拆卸相反的顺序安装其他部件。	
4	操作后整理	1. 2. 3.	

任务总结
（请对本任务完成情况、操作注意事项等进行总结）

四、考核评价

考核评价表

班级：　　　　　　　　　　　　姓名：　　　　　　　　　　　工位：

项目	作业内容	评价要点	配分	评价
准备工作	场地准备	工位应干净、整洁，地面无油污	1	
		工作台、工具车、零件车等放置于合适位置	1	
	设备检查	检查发动机总成是否安装牢固	2	
		检查实训车辆是否停放平稳	2	
	人员防护	工作服、工作鞋等穿戴整齐	2	
		拆装操作时应佩戴棉纱手套	2	
	工量具检查	检查工具车中工具是否齐全，有无损坏等情况	3	
		检查发动机拆装专用工具是否齐全、完好	2	
操作	操作要点	能正确排放冷却液	6	
		能根据维修手册，正确拆卸冷却管路	10	
		能正确拆卸节温器固定支架总成，取出节温器	15	
		能正确安装节温器固定支架总成，并连接冷却系统管路	10	
		能正确加注冷却液	9	
	技术规范	能区分进水管和出水管	5	
		能正确回收冷却液	5	
		能检查冷却液面高度	5	
		能根据维修手册，按规定力矩拧紧节温器固定螺栓	5	
职业素养	安全及合作	操作时应佩戴防护手套、护目镜等安全防护用品	3	
		注意操作安全，不随意放置工具、量具，不应有其他安全隐患	5	
		小组作业时应互相配合、合理分工，不可发生争执	2	
	“8S”管理	能查阅维修手册并严格执行技术规范，有良好的责任心和职业道德	3	
		能按正确步骤操作，不得损坏设备、工量具等，按环保规定处理废弃物，不可发生语言争执或肢体碰撞，避免人员受伤	2	
总评分				

教师签字：　　　　　　　　　　　　　　考核日期：

任务2 气缸垫的更换

一、实训目标

1．能说出气缸垫损坏后的故障现象。

2．能完成气缸垫的更换。

3．能说出更换气缸垫的注意事项。

二、实训准备

1．设备检查

发动机型号：________________

外观情况：________________

2．实训器材准备

清点以下仪器、设备、工量具、辅助材料是否齐全。

（1）仪器、设备和工量具

序号	仪器、设备和工量具	检查结果
1	实训整车	
2	工具车	
3	零件车	
4	工作台	
5	发动机拆装台架	
6	发动机拆装专用工具	
7	气缸垫	
8	正时工具	

（2）辅助材料

序号	辅助材料名称	检查结果
1	润滑油盆	
2	维修手册	
3	抹布	

3．防护措施

（1）作业人员应穿戴个人防护用品，包括工作服、工作帽、护目镜等，操作时不可佩戴手表等金属饰品，留长发者应将长发束在工作帽中。

（2）确保使用正确的设备和工具进行维修作业，操作过程中应严格遵守操作规程和相关安全标准。

（3）实训车辆必须做好防护措施，铺好转向盘套、座套、脚垫，打开发动机舱盖，铺好翼子板布。

（4）举升车辆时应严格按照举升机使用方法进行操作，并通知其他人员远离举升设备。

（5）遵循“8S”管理规定。

三、任务实施

更换气缸垫

班级：　　　　　　　　　　姓名：　　　　　　　　　　工位：

序号	操作步骤	操作内容	情况记录（包括完成情况、注意事项、存在问题、结果等）
1	拆卸外围部件	1. 拆卸燃油导管。 2. 3. 4.	
2	拆卸气缸垫	1. 拆卸气门室罩盖。 2. 拆卸________________。 3. 拆卸凸轮轴________，取下凸轮轴。 4. 拆卸气缸盖________________。 5. 取下________________。 6. 更换________________。 7. 更换新的气缸垫后，按________的顺序安装其他部件。	
3	操作后整理	1. 2. 3.	

任务总结
（请对本任务完成情况、操作注意事项等进行总结）

四、考核评价

考核评价表

班级：　　　　　　　　　　姓名：　　　　　　　　　　工位：

项目	作业内容	评价要点	配分	评价
准备工作	场地准备	工位应干净、整洁，地面无油污	1	
		工作台、工具车、零件车等放置于合适位置	1	
	设备检查	检查发动机总成与发动机拆装台架是否安装牢固	2	
		检查实训车辆是否停放平稳	2	
	人员防护	工作服、工作鞋等穿戴整齐	2	
		拆装操作时应佩戴棉纱手套	2	
	工量具检查	检查工具车中工具是否齐全，有无损坏等情况	3	
		检查正时工具是否正确安装	2	
操作	操作要点	能根据维修手册，正确拆卸发动机外围部件	8	
		能根据维修手册，按正确拆卸气门室盖螺栓并取下气门室盖	10	
		能正确拆卸正时带	10	
		能按正确顺序拆卸气缸盖固定螺栓并取下气缸盖总成	10	
		能正确更换气缸垫	10	
	技术规范	能按规定力矩分次拧紧气缸盖固定螺栓	7	
		安装正时带前，能检查其上的正时标记	5	
		能正确检查发动机润滑油、冷却液液位	5	
		能检查发动机是否有漏油等现象	5	
职业素养	安全及合作	操作时应佩戴防护手套、护目镜等安全防护用品	3	
		注意操作安全，不随意放置工具、量具，不应有其他安全隐患	5	
		小组作业时应互相配合、合理分工，不可发生争执	2	
	“8S”管理	能查阅维修手册并严格执行技术规范，有良好的责任心和职业道德	3	
		能按正确步骤操作，不得损坏设备、工量具等，按环保规定处理废弃物，不可发生语言争执或肢体碰撞，避免人员受伤	2	
总评分				

教师签字：　　　　　　　　　　　　　　考核日期：

任务3 喷油器的更换

一、实训目标

1. 能说出喷油器损坏后的故障现象。
2. 能完成喷油器的更换。
3. 能说出更换喷油器的注意事项。

二、实训准备

1. 设备检查

发动机型号：________________

外观情况：__________________

2. 实训器材准备

清点以下仪器、设备、工量具、辅助材料是否齐全。

（1）仪器、设备和工量具

序号	仪器、设备和工量具	检查结果
1	实训整车	
2	工具车	
3	零件车	
4	工作台	
5	发动机拆装专用工具	
6	喷油器	

（2）辅助材料

序号	辅助材料名称	检查结果
1	O 形密封圈	
2	维修手册	
3	抹布	
4	润滑油	
5	喷油器固定卡子	

3．防护措施

（1）作业人员应穿戴个人防护用品，包括工作服、工作帽、护目镜等，操作时不可佩戴手表等金属饰品，留长发者应将长发束在工作帽中。

（2）确保使用正确的设备和工具进行维修作业，操作过程中应严格遵守操作规程和相关安全标准。

（3）实训车辆必须做好防护措施，铺好转向盘套、座套、脚垫，打开发动机舱盖，铺好翼子板布。

（4）举升车辆时应严格按照举升机使用方法进行操作，并通知其他人员远离举升设备。

（5）遵循“8S”管理规定。

三、技能训练

更换喷油器

班级： 姓名： 工位：

序号	操作步骤	操作内容	情况记录（包括完成情况、注意事项、存在问题、结果等）
1	燃油系统卸压	1．关闭点火开关。 2．取下喷油泵________，启动发动机，等待发动机________。	
2	拆卸燃油导轨	1．拆卸喷油器连接器。 2．拆卸________________。 3．分离燃油导管。 4．拆卸燃油导管固定螺栓。 5． 6．	
3	拆卸喷油器	1． 2．分离喷油器的卡销。 3．	
4	更换喷油器	1．润滑待更换喷油器的O形密封圈。 2．将更换的喷油器安装到________上。 3．用________将喷油器固定。	

续表

序号	操作步骤	操作内容	情况记录（包括完成情况、注意事项、存在问题、结果等）
5	安装喷油器并检查燃油系统	1. 喷油器导轨固定螺栓的拧紧力矩为________。 2. 启动发动机前，必须检查________________。 3. 打开点火开关，检查______与______连接处有无漏油。	
6	操作后整理	1. 2. 3.	
任务总结			
（请对本任务完成情况、操作注意事项等进行总结）			

四、考核评价

考核评价表

班级：　　　　　　　　　　　姓名：　　　　　　　　　工位：

项目	作业内容	评价要点	配分	评价
准备工作	场地准备	工位应干净、整洁，地面无油污	1	
		工作台、工具车、零件车等放置于合适位置	1	
	设备检查	检查实训车辆是否停放平稳	2	
		检查喷油器外观是否完整、无破损	2	
	人员防护	工作服、工作鞋等穿戴整齐	2	
		拆装操作时应佩戴棉纱手套	2	
	工量具检查	检查工具车中工具是否齐全，有无损坏等情况	3	
		检查发动机拆装专用工具是否齐全、完好	2	
操作	操作要点	能取下燃油泵熔丝	5	
		能启动发动机并等待熄火	10	
		能正确拆卸喷油器和燃油导轨连接器	10	

续表

项目	作业内容	评价要点	配分	评价
操作	操作要点	能根据维修手册，正确拆卸燃油导管和喷油器	10	
		能更换喷油器	10	
		能正确安装燃油分配管总成，并启动发动机检查燃油系统	10	
	技术规范	能用规定力矩拧紧喷油器导轨固定螺栓	5	
		能在喷油器 O 形密封圈上涂抹润滑油	5	
		能打开点火开关并检查各燃油管路有无泄漏	5	
职业素养	安全及合作	操作时应佩戴防护手套、护目镜等安全防护用品	3	
		注意操作安全，不随意放置工具、量具，不应有其他安全隐患	5	
		小组作业时应互相配合、合理分工，不可发生争执	2	
	“8S”管理	能查阅维修手册并严格执行技术规范，有良好的责任心和职业道德	3	
		能按正确步骤操作，不得损坏设备、工量具等，按环保规定处理废弃物，不可发生语言争执或肢体碰撞，避免人员受伤	2	
总评分				

教师签字：　　　　　　　　　　　　考核日期：

任务4　传感器的更换

一、实训目标

1．能说出冷却液温度传感器、节气门体、空气流量计、氧传感器、爆震传感器损坏后的故障现象。

2．能完成冷却液温度传感器、节气门体、空气流量计、氧传感器、爆震传感器的更换。

3．能说出更换冷却液温度传感器、节气门体、空气流量计、氧传感器、爆震传感器的注意事项。

二、实训准备

1．设备检查

发动机型号：＿＿＿＿＿＿＿＿＿＿

外观情况：＿＿＿＿＿＿＿＿＿＿

2．实训器材准备

清点以下仪器、设备、工量具、辅助材料是否齐全。

（1）仪器、设备和工量具

序号	仪器、设备和工量具	检查结果
1	实训整车	
2	工具车	
3	零件车	
4	工作台	
5	发动机拆装专用工具	
6	冷却液温度传感器	
7	节气门体	
8	氧传感器	
9	爆震传感器	
10	空气流量计	
11	故障诊断仪	

（2）辅助材料

序号	辅助材料名称	检查结果
1	冷却液盆	
2	维修手册	
3	抹布	
4	润滑油	

3. 防护措施

（1）作业人员应穿戴个人防护用品，包括工作服、工作帽、护目镜等，操作时不可佩戴手表等金属饰品，留长发者应将长发束在工作帽中。

（2）确保使用正确的设备和工具进行维修作业，操作过程中应严格遵守操作规程和相关安全标准。

（3）实训车辆必须做好防护措施，铺好转向盘套、座套、脚垫，打开发动机舱盖，铺好翼子板布。

（4）举升车辆时应严格按照举升机使用方法进行操作，并通知其他人员远离举升设备。

（5）遵循“8S”管理规定。

三、技能训练

更换传感器

班级：　　　　　　　　　　姓名：　　　　　　　　　　工位：

序号	操作步骤	操作内容	情况记录（包括完成情况、注意事项、存在问题、结果等）
1	更换冷却液温度传感器	1．关闭点火开关，拆卸________。 2．拆卸水箱________，将发动机冷却液排净。 3． 4． 5．取下冷却液温度传感器。 6．按与拆卸相反步骤安装冷却液温度传感器和其他部件。 7．运行发动机________后，检查冷却液温度传感器安装部位是否泄漏冷却液。	
2	更换节气门体	1． 2．拆卸进气软管固定卡箍。 3． 4．断开节气门________管和________管。 5． 6．拆卸节气门体固定螺栓，按对角顺序分________次拆卸。 7．	
3	更换氧传感器	1． 2．拔下氧传感器连接器。 3． 4． 5．按与拆卸相反的顺序安装氧传感器，其固定螺栓的紧固力矩为__________。	
4	更换爆震传感器	1． 2．拔下爆震传感器连接器。	

续表

序号	操作步骤	操作内容	情况记录（包括完成情况、注意事项、存在问题、结果等）
4	更换爆震传感器	3. 4. 按与拆卸相反的顺序安装爆震传感器，其固定螺栓的紧固力矩为________。	
5	更换空气流量计	1. 2. 拔下空气流量计插头。 3. 4. 5. 按与拆卸相反的顺序安装空气流量计，其固定螺栓的紧固力矩为________。	
6	操作后整理	1. 2. 3.	
任务总结			
（请对本任务完成情况、操作注意事项等进行总结）			

四、考核评价

考核评价表

班级：　　　　　　　　　　　姓名：　　　　　　　　　　工位：

项目	作业内容	评价要点	配分	评价
准备工作	场地准备	工位应干净、整洁，地面无油污	1	
		工作台、工具车、零件车等放置于合适位置	1	
	设备检查	检查待更换各传感器外观是否正常，有无破损	2	
		检查实训车辆是否停放平稳	2	

续表

项目	作业内容	评价要点	配分	评价
准备工作	人员防护	工作服、工作鞋等穿戴整齐	2	
		拆装操作时应佩戴棉纱手套	2	
	工量具检查	检查工具车中工具是否齐全，有无损坏等情况	3	
		检查发动机拆装专用工具是否齐全、完好	2	
操作	操作要点	能正确放净冷却液，并更换冷却液温度传感器	12	
		能正确更换节气门体	10	
		能正确更换氧传感器	10	
		能正确更换爆震传感器	10	
		能正确更换空气流量计	10	
	技术规范	能用故障诊断仪对新节气门体进行匹配	6	
		能根据维修手册，判断氧传感器的故障类型	6	
		能根据维修手册，按标准力矩拧紧各传感器固定螺栓	6	
职业素养	安全及合作	操作时应佩戴防护手套、护目镜等安全防护用品	3	
		注意操作安全，不随意放置工具、量具，不应有其他安全隐患	5	
		小组作业时应互相配合、合理分工，不可发生争执	2	
	“8S”管理	能查阅维修手册并严格执行技术规范，有良好的责任心和职业道德	3	
		能按正确步骤操作，不得损坏设备、工量具等，按环保规定处理废弃物，不可发生语言争执或肢体碰撞，避免人员受伤	2	
总评分				

教师签字：　　　　　　　　　　　　　　考核日期：

模块四　发动机的装配与调试

任务1　曲轴飞轮组的安装

一、实训目标

1. 能说出曲轴飞轮组的安装步骤。
2. 能按照技术要求安装曲轴飞轮组。
3. 能说出安装曲轴飞轮组的注意事项。

二、实训准备

1. 设备检查

发动机型号：______________

外观情况：______________

2. 实训器材准备

清点以下仪器、设备、工量具、辅助材料是否齐全。

（1）仪器、设备和工量具

序号	仪器、设备和工量具	检查结果
1	工具车	
2	零件车	
3	工作台	
4	发动机拆装台架	
5	发动机拆装专用工具	

（2）辅助材料

序号	辅助材料名称	检查结果
1	维修手册	
2	抹布	
3	润滑油	

3. 防护措施

（1）作业人员应穿戴个人防护用品，包括工作服、工作帽、护目镜等，操作时不可佩戴手表等金属饰品，留长发者应将长发束在工作帽中。

（2）确保使用正确的设备和工具进行维修作业，操作过程中应严格遵守操作规程和相关安全标准。

（3）实训车辆必须做好防护措施，铺好转向盘套、座套、脚垫，打开发动机舱盖，铺好翼子板布。

（4）举升车辆时应严格按照举升机使用方法进行操作，并通知其他人员远离举升设备。

（5）遵循“8S”管理规定。

三、技能训练

安装曲轴飞轮组

班级：　　　　　　　　　　　　姓名：　　　　　　　　　　　　工位：

<table>
<tr><th>序号</th><th>操作步骤</th><th>操作内容</th><th>情况记录（包括完成情况、注意事项、存在问题、结果等）</th></tr>
<tr><td>1</td><td>安装曲轴</td><td>1. 上、下轴瓦的区别是________有一个油槽和油孔。
2. 将清洁好的气缸体翻转至________朝上，依次装上________个上轴瓦。
3. 在_______与_______摩擦表面间涂抹一层润滑油。
4.
5. 将下轴瓦装至________________中。
6.
7. 按顺序分______次均匀拧紧______个主轴承盖螺栓。</td><td>主轴承盖螺栓分次拧紧时的力矩和角度：<table><tr><td>次数</td><td>第一遍</td><td>第二遍</td><td>第三遍</td></tr><tr><td>力矩或角度</td><td></td><td></td><td></td></tr></table></td></tr>
<tr><td>2</td><td>安装飞轮</td><td>1. 安装发动机____________，并拧紧其上的_______个固定螺栓。
2. 安装飞轮，飞轮螺栓拧紧力矩为___________。</td><td></td></tr>
<tr><td>3</td><td>操作后整理</td><td>1.
2.
3.</td><td></td></tr>
<tr><td colspan="4">任务总结</td></tr>
<tr><td colspan="4">（请对本任务完成情况、操作注意事项等进行总结）</td></tr>
</table>

四、考核评价

考核评价表

班级：　　　　　　　　　　　　姓名：　　　　　　　　　　　　工位：

项目	作业内容	评价要点	配分	评价
准备工作	场地准备	工位应干净、整洁，地面无油污	1	
		工作台、工具车、零件车等放置于合适位置	1	
	设备检查	检查发动机总成与发动机拆装台架是否安装牢固	2	
		翻转发动机拆装台架，检查锁紧机构是否有效	2	
	人员防护	工作服、工作鞋等穿戴整齐	2	
		拆装操作时应佩戴棉纱手套	2	
	工量具检查	检查工具车中工具是否齐全，有无损坏等情况	3	
		检查发动机拆装专用工具是否齐全、完好	2	
操作	操作要点	能正确安装曲轴轴瓦并润滑	5	
		能根据维修手册，正确安装曲轴主轴承盖	9	
		能正确安装曲轴止推垫片	8	
		能根据维修手册，按规定力矩分次拧紧曲轴主轴盖螺栓，并检查曲轴是否转动灵活	10	
		能正确安装发动机后油封端盖	8	
		能正确安装飞轮	10	
	技术规范	能正确区分上、下轴瓦	5	
		能辨别主轴承盖的顺序和方向	5	
		能在主轴承盖螺栓的螺纹和螺栓头部下面涂抹润滑油	5	
		能将飞轮正对定位孔安装	5	
职业素养	安全及合作	操作时应佩戴防护手套、护目镜等安全防护用品	3	
		注意操作安全，不随意放置工具、量具，不应有其他安全隐患	5	
		小组作业时应互相配合、合理分工，不可发生争执	2	
	“8S”管理	能查阅维修手册并严格执行技术规范，有良好的责任心和职业道德	3	
		能按正确步骤操作，不得损坏设备、工量具等，按环保规定处理废弃物，不可发生语言争执或肢体碰撞，避免人员受伤	2	
总评分				

教师签字：　　　　　　　　　　　　　　　考核日期：

任务2　活塞连杆机构的安装

一、实训目标

1．能说出活塞连杆机构的安装步骤。

2．能按照技术要求安装活塞连杆机构。

3．能说出安装活塞连杆机构的注意事项。

二、实训准备

1．设备检查

发动机型号：________

外观情况：________

2．实训器材准备

清点以下仪器、设备、工量具、辅助材料是否齐全。

（1）仪器、设备和工量具

序号	仪器、设备和工量具	检查结果
1	工具车	
2	零件车	
3	工作台	
4	发动机拆装台架	
5	发动机拆装专用工具	
6	活塞环扩张器	
7	活塞环收紧器	

（2）辅助材料

序号	辅助材料名称	检查结果
1	维修手册	
2	抹布	
3	润滑油	
4	密封胶	

3. 防护措施

（1）作业人员应穿戴个人防护用品，包括工作服、工作帽、护目镜等，操作时不可佩戴手表等金属饰品，留长发者应将长发束在工作帽中。

（2）确保使用正确的设备和工具进行维修作业，操作过程中应严格遵守操作规程和相关安全标准。

（3）实训车辆必须做好防护措施，铺好转向盘套、座套、脚垫，打开发动机舱盖，铺好翼子板布。

（4）举升车辆时应严格按照举升机使用方法进行操作，并通知其他人员远离举升设备。

（5）遵循“8S”管理规定。

三、技能训练

安装活塞连杆机构

班级： 姓名： 工位：

序号	操作步骤	操作内容	情况记录（包括完成情况、注意事项、存在问题、结果等）
1	安装活塞环	1. 用手安装油环弹簧和2个________________。 2. 使用活塞环扩张器，安装2个________。 3. 活塞环的开口应________。	
2	安装连杆组	1. 对准轴瓦______和连杆或连杆盖的______，将连杆轴瓦安装到连杆和连杆盖中。 2. 将______缸连杆轴径摇至______位置。 3. 使用______________，将1缸活塞和连杆总成推入。 4. 5. 把连杆轴承盖装在连杆上，______和______的号码要匹配。 6. 分2～3次交替拧紧连杆轴承盖固定螺母。 7. 安装完毕，应检查________________以及______转动是否灵活。 8. 按同样方法，依次安装其他各缸的活塞连杆机构。	
3	安装机油泵	安装新的发动机罩衬垫和包含机油泵的发动机盖。	发动机盖螺栓紧固力矩：________

续表

序号	操作步骤	操作内容	情况记录（包括完成情况、注意事项、存在问题、结果等）
4	安装油底壳	1. 在______和______分别涂上密封胶。 2. 安装油底壳。 3. 安装油底壳放油螺栓。 4. 翻转发动机拆装台架将油底壳______________。 5. 安装完毕，将______缸活塞转至上止点。	油底壳螺栓紧固力矩：________ 放油螺柱紧固力矩：________
5	操作后整理	1. 2. 3.	

任务总结
（请对本任务完成情况、操作注意事项等进行总结）

四、考核评价

考核评价表

班级： 姓名： 工位：

项目	作业内容	评价要点	配分	评价
准备工作	场地准备	工位应干净、整洁，地面无油污	1	
		工作台、工具车、零件车等放置于合适位置	1	
	设备检查	检查发动机总成与发动机拆装台架是否安装牢固	2	
		翻转发动机拆装台架，检查锁紧机构是否有效	2	
	人员防护	工作服、工作鞋等穿戴整齐	2	
		拆装操作时应佩戴棉纱手套	2	
	工量具检查	检查工具车中工具是否齐全，有无损坏等情况	3	
		检查活塞环扩张器和收紧器是否完好	2	

续表

项目	作业内容	评价要点	配分	评价
操作	操作要点	能正确安装活塞环	10	
		能正确安装连杆轴瓦	10	
		能正确使用活塞环收紧器将活塞和连杆总成推入气缸	10	
		能根据维修手册，正确安装连杆轴承盖	7	
		能正确安装发动机机油泵	8	
		能正确安装油底壳	5	
	技术规范	能区分各活塞环的开口位置	5	
		能识别活塞的朝前标记并使其向前安装	5	
		能根据维修手册，按顺序拧紧连杆轴承盖固定螺栓，并施加规定力矩	5	
		能根据维修手册，按顺序拧紧油底壳固定螺栓和放油螺栓，并施加规定力矩	5	
职业素养	安全及合作	操作时应佩戴防护手套、护目镜等安全防护用品	3	
		注意操作安全，不随意放置工具、量具，不应有其他安全隐患	5	
		小组作业时应互相配合、合理分工，不可发生争执	2	
	“8S”管理	能查阅维修手册并严格执行技术规范，有良好的责任心和职业道德	3	
		能按正确步骤操作，不得损坏设备、工量具等，按环保规定处理废弃物，不可发生语言争执或肢体碰撞，避免人员受伤	2	
总评分				

教师签字：　　　　　　　　　　　　　　考核日期：

任务3　配气机构的安装

一、实训目标

1．能说出配气机构的安装步骤。

2．能按照技术要求安装配气机构。

3．能说出安装配气机构的注意事项。

二、实训准备

1．设备检查

发动机型号：________________

外观情况：________________

2．实训器材准备

清点以下仪器、设备、工量具、辅助材料是否齐全。

（1）仪器、设备和工量具

序号	仪器、设备和工量具	检查结果
1	工具车	
2	零件车	
3	工作台	
4	发动机拆装台架	
5	发动机拆装专用工具	
6	凸轮轴锁止工具	
7	挠度尺	

（2）辅助材料

序号	辅助材料名称	检查结果
1	表面密封剂	
2	维修手册	
3	抹布	
4	润滑油	

3．防护措施

（1）作业人员应穿戴个人防护用品，包括工作服、工作帽、护目镜等，操作时不可佩戴手表等金属饰品，留长发者应将长发束在工作帽中。

（2）确保使用正确的设备和工具进行维修作业，操作过程中应严格遵守操作规程和相关安全标准。

（3）实训车辆必须做好防护措施，铺好转向盘套、座套、脚垫，打开发动机舱盖，铺好翼子板布。

（4）举升车辆时应严格按照举升机使用方法进行操作，并通知其他人员远离举升设备。

（5）遵循“8S”管理规定。

三、技能训练

安装配气机构

班级：　　　　　　　　　　姓名：　　　　　　　　　　工位：

序号	操作步骤	操作内容	情况记录（包括完成情况、注意事项、存在问题、结果等）
1	安装气门	1. 在________和________上涂上润滑油，并按顺序将它们安装到气缸盖中。 2. 3.	

续表

<table>
<tr><th>序号</th><th>操作步骤</th><th>操作内容</th><th>情况记录（包括完成情况、注意事项、存在问题、结果等）</th></tr>
<tr><td>1</td><td>安装气门</td><td>4．安装气门锁片，使用专用工具向下推________并将________安装在装配头中。</td><td></td></tr>
<tr><td>2</td><td>安装进气凸轮轴</td><td>1．安装________个进气凸轮轴轴承盖________号。
2．安装8个进气凸轮轴轴承盖螺栓。</td><td>进气凸轮轴轴承盖螺栓的紧固顺序：________
进气凸轮轴轴承盖螺栓的紧固力矩：________</td></tr>
<tr><td>3</td><td>安装排气凸轮轴</td><td>1．安装________个排气凸轮轴轴承盖________号。
2．安装8个排气凸轮轴轴承盖螺栓。</td><td>排气凸轮轴轴承盖螺栓的紧固顺序：________
排气凸轮轴轴承盖螺栓的紧固力矩：________</td></tr>
<tr><td>4</td><td>安装轴承盖</td><td>1．清洁并安装第一凸轮轴轴承盖的________并涂上________。
2．安装第一凸轮轴轴承盖螺栓。
3．安装________。</td><td>轴承盖螺栓紧固力矩：________</td></tr>
<tr><td>5</td><td>安装气缸盖</td><td>1．安装气缸盖衬垫。
2．按顺序拧紧气缸盖螺栓。</td><td>气缸盖螺栓紧固顺序：________<table><tr><th>紧固次数</th><th>力矩或角度</th></tr><tr><td>第一遍</td><td></td></tr><tr><td>第二遍</td><td></td></tr><tr><td>第三遍</td><td></td></tr><tr><td>第四遍</td><td></td></tr><tr><td>第五遍</td><td></td></tr></table></td></tr>
<tr><td>6</td><td>安装凸轮轴位置执行器调节器</td><td>1．安装正时带后盖。
2．安装凸轮轴锁止机构。
3．安装________________位置执行器调节器和________________位置执行器调节器。
4．将凸轮轴锁止工具安装到进气凸轮轴位置执行器调节器和排气凸轮轴位置执行器调节器中。</td><td>凸轮轴位置执行器调节器固定螺栓分次紧固力矩或角度：<table><tr><th>紧固次数</th><th>力矩或角度</th></tr><tr><td>第一遍</td><td></td></tr><tr><td>第二遍</td><td></td></tr><tr><td>第三遍</td><td></td></tr></table></td></tr>
<tr><td>7</td><td>安装正时带</td><td>1．对正正时点，正时带传动齿轮和油泵壳体必须对齐。
2．安装正时带惰轮。
3．安装正时带张紧器。</td><td>正时带惰轮螺栓分次紧固力矩或角度：<table><tr><th>紧固次数</th><th>力矩或角度</th></tr><tr><td>第一遍</td><td></td></tr><tr><td>第二遍</td><td></td></tr><tr><td>第三遍</td><td></td></tr></table></td></tr>
</table>

续表

<table>
<tr><th>序号</th><th>操作步骤</th><th>操作内容</th><th>情况记录（包括完成情况、注意事项、存在问题、结果等）</th></tr>
<tr><td>7</td><td>安装正时带</td><td>4．安装正时带。
5．调整正时带张紧器。
6．检查曲轴位置，转动曲轴扭转减振器螺栓，沿发动机旋转的方向将曲轴旋转______。</td><td>正时带张紧器螺栓分次紧固力矩或角度：
<table><tr><th>紧固次数</th><th>力矩或角度</th></tr><tr><td>第一遍</td><td></td></tr><tr><td>第二遍</td><td></td></tr><tr><td>第三遍</td><td></td></tr></table></td></tr>
<tr><td>8</td><td>安装正时机构组件</td><td>1．安装正时带下前盖。
2．安装____________________。
3．安装飞轮。
4．安装曲轴扭转减振器和垫圈。
5．安装正时带中前盖。
6．安装正时带上前盖。</td><td>正时带下前盖螺栓紧固力矩：________
曲轴扭转减振器分次紧固力矩或角度：
<table><tr><th>紧固次数</th><th>力矩或角度</th></tr><tr><td>第一遍</td><td></td></tr><tr><td>第二遍</td><td></td></tr><tr><td>第三遍</td><td></td></tr></table></td></tr>
<tr><td>9</td><td>操作后整理</td><td>1．

2．

3．</td><td></td></tr>
<tr><td colspan="4">任务总结</td></tr>
<tr><td colspan="4">（请对本任务完成情况、操作注意事项等进行总结）</td></tr>
</table>

四、考核评价

考核评价表

班级：　　　　　　　　姓名：　　　　　　　　工位：

<table>
<tr><th>项目</th><th>作业内容</th><th>评价要点</th><th>配分</th><th>评价</th></tr>
<tr><td rowspan="4">准备工作</td><td rowspan="2">场地准备</td><td>工位应干净、整洁，地面无油污</td><td>1</td><td></td></tr>
<tr><td>工作台、工具车、零件车等放置于合适位置</td><td>1</td><td></td></tr>
<tr><td rowspan="2">设备检查</td><td>检查发动机总成与发动机拆装台架是否安装牢固</td><td>2</td><td></td></tr>
<tr><td>翻转发动机拆装台架，检查锁紧机构是否有效</td><td>2</td><td></td></tr>
</table>

续表

项目	作业内容	评价要点	配分	评价
准备工作	人员防护	工作服、工作鞋等穿戴整齐	2	
		拆装操作时应佩戴棉纱手套	2	
	工量具检查	检查工具车中工具是否齐全，有无损坏等情况	3	
		检查发动机拆装专用工具是否齐全、完好	2	
		检查凸轮轴锁止工具是否完好	2	
操作	操作要点	能正确安装气门	6	
		能根据维修手册，正确安装进、排气凸轮轴	10	
		能根据维修手册，正确安装气缸盖	10	
		能正确安装凸轮轴位置执行器调节器	10	
		能正确安装正时带	10	
		能正确安装正时机构组件	7	
	技术规范	能按顺序拧紧气缸盖螺栓，并施加规定力矩	5	
		能转动曲轴扭转减振器螺栓，沿发动机旋转方向将曲轴转到1缸压缩冲程上止点后，再安装正时带传动齿轮	5	
		能用挠度尺检测正时带张紧度	5	
职业素养	安全及合作	操作时应佩戴防护手套、护目镜等安全防护用品	3	
		注意操作安全，不随意放置工具、量具，不应有其他安全隐患	5	
		小组作业时应互相配合、合理分工，不可发生争执	2	
	“8S”管理	能查阅维修手册并严格执行技术规范，有良好的责任心和职业道德	3	
		能按正确步骤操作，不得损坏设备、工量具等，按环保规定处理废弃物，不可发生语言争执或肢体碰撞，避免人员受伤	2	
总评分				

教师签字：　　　　　　　　　　　　考核日期：

任务4　发动机外围部件的安装

一、实训目标

1. 能说出安装发动机外围部件的操作步骤。
2. 能按照技术要求安装发动机外围部件。

3．能说出安装发动机外围部件的注意事项。

二、实训准备

1．设备检查

发动机型号：________________

外观情况：________________

2．实训器材准备

清点以下仪器、设备、工量具、辅助材料是否齐全。

（1）仪器、设备和工量具

序号	仪器、设备和工量具	检查结果
1	工具车	
2	零件车	
3	工作台	
4	发动机拆装台架	
5	发动机拆装专用工具	
6	实训整车	

（2）辅助材料

序号	辅助材料名称	检查结果
1	润滑油	
2	维修手册	
3	抹布	

3．防护措施

（1）作业人员应穿戴个人防护用品，包括工作服、工作帽、护目镜等，操作时不可佩戴手表等金属饰品，留长发者应将长发束在工作帽中。

（2）确保使用正确的设备和工具进行维修作业，操作过程中应严格遵守操作规程和相关安全标准。

（3）实训车辆必须做好防护措施，铺好转向盘套、座套、脚垫，打开发动机舱盖，铺好翼子板布。

（4）举升车辆时应严格按照举升机使用方法进行操作，并通知其他人员远离举升设备。

（5）遵循“8S”管理规定。

三、技能训练

安装发动机外围部件

班级： 姓名： 工位：

序号	操作步骤	操作内容	情况记录（包括完成情况、注意事项、存在问题、结果等）
1	安装冷却液泵	1. 安装冷却液泵。 2. 安装冷却液泵带轮。	冷却液泵螺栓的紧固力矩：________ 冷却液泵带轮螺栓的紧固力矩：________
2	安装发动机冷却液节温器总成	1. 安装节温器。 2. 安装节温器壳体。 3. 紧固节温器壳体螺栓。	节温器壳体螺栓的紧固顺序：________ 节温器壳体螺栓的紧固力矩：________
3	安装发动机机油冷却器	1. 安装发动机机油冷却器。 2. 安装发动机机油冷却器壳体。 3. 安装冷却液管。	发动机机油冷却器螺栓共______个，其紧固力矩：________ 发动机机油冷却器壳体螺栓紧固力矩：________ 节温器壳体冷却液管螺栓紧固力矩：________
4	安装排气歧管	1. 安装排气歧管。 2. 安装排气歧管隔热罩。	排气歧管螺栓紧固力矩：________ 排气歧管托架螺栓紧固力矩：________ 排气歧管隔热罩螺栓紧固力矩：________
5	安装进气歧管	1. 安装密封件。 2. 安装进气歧管。	进气歧管螺栓紧固力矩：________
6	安装节气门体总成	1. 安装新的节气门体密封件。 2. 3. 4. 安装曲轴箱强制通风管。	
7	安装空气滤清器总成	1. 安装空气滤清器总成。 2. 紧固空气滤清器________至进气歧管卡箍。	
8	安装喷油器	1. 将喷油器安装到________上。 2. 3. 将喷油器总成安装到进气歧管上。	

续表

序号	操作步骤	操作内容	情况记录（包括完成情况、注意事项、存在问题、结果等）
9	安装起动机	1. 安装起动机螺栓，将搭铁电缆安装在紧固螺栓上，紧固力矩为________。 2. 安装起动机正极电缆螺母。	起动机螺栓紧固力矩：________ 起动机正极电缆螺母紧固力矩：________
10	安装发电机	1. 安装发电机固定螺栓。 2. 安装发电机正极电缆和发电机正极电缆螺母。 3. 安装发电机线束螺母。 4. 安装发电机正极电缆螺母。 5. 安装发电机和空调压缩机传动带。	发电机固定螺栓紧固力矩：________ 发电机线束螺母紧固力矩：________ 发电机正极电缆螺母紧固力矩：________
11	安装冷却液管	安装散热器冷却液进水口软管和出水口软管。	
12	安装传感器和执行器	1. 安装空气流量计。 2. 安装点火线圈总成及线束插头。 3. 安装活性炭罐电磁阀。 4. 将________安装到活性炭罐电磁阀上。 5. 安装进油管。 6. 安装进气歧管绝对压力传感器。 7. 安装________。 8. 安装________。 9. 安装________。 10. 安装氧传感器。 11. 安装________。	安装传感器和执行器前应检查：________ ________ ________ ________
13	连接电源	1. 连接蓄电池正、负极柱导线。 2. 安装________继电器。	
14	操作后整理	1. 2. 3.	

续表

任务总结
（请对本任务完成情况、操作注意事项等进行总结）

四、考核评价

考核评价表

班级： 姓名： 工位：

项目	作业内容	评价要点	配分	评价
准备工作	场地准备	工位应干净、整洁，地面无油污	1	
		工作台、工具车、零件车等放置于合适位置	1	
	设备检查	检查发动机总成与发动机拆装台架是否安装牢固	2	
		翻转发动机拆装台架，检查锁紧机构是否有效	2	
	人员防护	工作服、工作鞋等穿戴整齐	2	
		拆装操作时应佩戴棉纱手套	2	
	工量具检查	检查工具车中工具是否齐全，有无损坏等情况	3	
		检查发动机拆装专用工具是否齐全、完好	2	
操作	操作要点	能正确安装冷却液泵和冷却液泵带轮	5	
		能正确安装冷却液节温器总成	5	
		能根据维修手册，正确安装机油冷却器总成	6	
		能正确安装进、排气歧管总成	4	
		能正确安装节气门体和空气滤清器总成	5	
		能正确组装喷油器总成，并安装到发动机上	5	
		能正确安装起动机和发电机	5	
		能根据维修手册，正确连接各冷却液管路	5	
		能根据维修手册，能正确安装各传感器和执行器	7	
		能正确连接蓄电池电源和燃油泵继电器	3	

续表

项目	作业内容	评价要点	配分	评价
操作	技术规范	能按规定力矩拧紧各外围部件紧固螺栓	5	
		能清洁各密封面	5	
		能在安装传感器和执行器前检查其插头针脚是否弯曲、折断	5	
		能在连接蓄电池电源前检查各电路是否连接牢固，有无附件漏接或错接	5	
职业素养	安全及合作	操作时应佩戴防护手套、护目镜等安全防护用品	3	
		注意操作安全，不随意放置工具、量具，不应有其他安全隐患	5	
		小组作业时应互相配合、合理分工，不可发生争执	2	
	“8S”管理	能查阅维修手册并严格执行技术规范，有良好的责任心和职业道德	3	
		能按正确步骤操作，不得损坏设备、工量具等，按环保规定处理废弃物，不可发生语言争执或肢体碰撞，避免人员受伤	2	
总评分				

教师签字：　　　　　　　　　　　　考核日期：

任务5　发动机运行调试

一、实训目标

1. 能正确选用发动机冷却液和润滑油，并进行加注和检查。
2. 能正确匹配节气门组件。
3. 能说出气缸压力的检查方法。
4. 能对发动机进行运行试验，并判断发动机工作是否正常。

二、实训准备

1. 设备检查

发动机型号：______________

外观情况：______________

2. 实训器材准备

清点以下仪器、设备、工量具、辅助材料是否齐全。

（1）仪器、设备和工量具

序号	仪器、设备和工量具	检查结果
1	实训整车	
2	工具车	
3	零件车	
4	工作台	
5	发动机拆装台架	
6	发动机拆装专用工具	
7	故障诊断仪	
8	万用表	

（2）辅助材料

序号	辅助材料名称	检查结果
1	润滑油	
2	维修手册	
3	抹布	
4	冷却液	

3．防护措施

（1）作业人员应穿戴个人防护用品，包括工作服、工作帽、护目镜等，操作时不可佩戴手表等金属饰品，留长发者应将长发束在工作帽中。

（2）确保使用正确的设备和工具进行维修作业，操作过程中应严格遵守操作规程和相关安全标准。

（3）实训车辆必须做好防护措施，铺好转向盘套、座套、脚垫，打开发动机舱盖，铺好翼子板布。

（4）举升车辆时应严格按照举升机使用方法进行操作，并通知其他人员远离举升设备。

（5）遵循“8S”管理规定。

三、技能训练

发动机运行调试

班级： 姓名： 工位：

序号	操作步骤	操作内容	情况记录（包括完成情况、注意事项、存在问题、结果等）
1	发动机外围部件安装和连接的检查	1．检查发动机外围各机械部件的连接是否可靠。 2．	

续表

序号	操作步骤	操作内容	情况记录（包括完成情况、注意事项、存在问题、结果等）
2	加注润滑油	1. 打开______________________。 2. 从________注入润滑油。 3. 4. 检查润滑油液位。	将发动机静置________min，检查液位，润滑油液位应位于油尺刻度线________，若不足则需添补。 发动机运行________后，静置________min，检查液位，润滑油液位应位于油尺刻度线________，若不足则需添补。
3	加注冷却液	1. 打开______________________。 2. 加注冷却液。 3. 检查冷却液液位。	冷却液的使用标准：__________。 发动机运转__________min，待冷却后检查冷却液液位，应处于储液罐刻度线__________。
4	检查蓄电池	1. 检查蓄电池________是否连接牢固。 2. 检查蓄电池电压。	
5	检查仪表	打开________，检查仪表盘各指示灯。	
6	节气门匹配	1. 在点火开关关闭的情况下连接__________。 2. 打开__________________，检查发动机有无故障码，有故障码需进行__________。 3. 4.	
7	运行检查	1. 启动发动机，检查其启动性能。 2. 检查________。 3. 检查发动机运行工况。 4. 检查发动机运转时有无______。 5. 检查发动机润滑油压力、冷却液温度和润滑油温度。 6. 检查发动机____________。 7. 检查发动机排放。 8. 检查发动机“四漏”情况。	
8	操作后整理	1. 2. 3.	

续表

任务总结
（请对本任务完成情况、操作注意事项等进行总结）

四、考核评价

考核评价表

班级： 姓名： 工位：

项目	作业内容	评价要点	配分	评价
准备工作	场地准备	工位应干净、整洁，地面无油污	1	
		工作台、工具车、零件车等放置于合适位置	1	
	设备检查	检查发动机总成及其各外围附件是否安装牢固	2	
		检查实训车辆是否停放平稳	2	
	人员防护	工作服、工作鞋等穿戴整齐	2	
		拆装操作时应佩戴棉纱手套	2	
	工量具检查	检查工具车中工具是否齐全，有无损坏等情况	3	
		检查故障诊断仪外观是否完好，所有连接是否牢固可靠，电源线路是否已接地	2	
		检查数字万用表外观是否有损坏或磨损，表笔是否正常，正负极是否正确	2	
操作	操作要点	能根据维修手册检查发动机各外围部件的安装和连接是否可靠	7	
		能根据车辆要求加注润滑油	9	
		能根据车辆要求加注冷却液	10	
		能正确检查蓄电池及仪表	8	
		能利用故障诊断仪进行节气门匹配	9	
		能根据技术要求逐一检查各系统的运行工况	10	

续表

<table>
<tr><th>项目</th><th>作业内容</th><th>评价要点</th><th>配分</th><th>评价</th></tr>
<tr><td rowspan="3">操作</td><td rowspan="3">技术规范</td><td>能选择正确型号的润滑油和冷却液</td><td>5</td><td></td></tr>
<tr><td>能正确检查润滑油和冷却液液位</td><td>5</td><td></td></tr>
<tr><td>能用数字万用表检查蓄电池电压</td><td>5</td><td></td></tr>
<tr><td rowspan="5">职业素养</td><td rowspan="3">安全及合作</td><td>操作时应佩戴防护手套、护目镜等安全防护用品</td><td>3</td><td></td></tr>
<tr><td>注意操作安全，不随意放置工具、量具，不应有其他安全隐患</td><td>5</td><td></td></tr>
<tr><td>小组作业时应互相配合、合理分工，不可发生争执</td><td>2</td><td></td></tr>
<tr><td rowspan="2">“8S”管理</td><td>能查阅维修手册并严格执行技术规范，有良好的责任心和职业道德</td><td>3</td><td></td></tr>
<tr><td>能按正确步骤操作，不得损坏设备、工量具等，按环保规定处理废弃物，不可发生语言争执或肢体碰撞，避免人员受伤</td><td>2</td><td></td></tr>
<tr><td colspan="3">总评分</td><td colspan="2"></td></tr>
</table>

教师签字： 考核日期：

责任编辑◎马润楠
责任校对◎薛宝丽
责任设计◎郭　艳

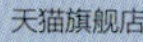
天猫旗舰店

中国人力资源和社会保障出版集团

ISBN 978-7-5167-6544-9
9 787516 765449 >

定价：9.00 元

技工院校服务机器人应用与维护专业（中/高级技能层级）
Python
程序设计基础
习题册
中国劳动社会保障出版社